LIBRA

YOUR HESITATION WILL HELP YOU.

迷いも君の力になる

天秤座の君へ贈る言葉

鏡リュウジ

sanctuary books

天秤座は、
ひとりで何かを見ようとしている。
悲しいこと、楽しいこと、
悔しいこと、ワクワクすること、
なんでも知ろうとしている。
そう心に決めている。

だからあなたは自分の心よりも、
他人の心を観察する。
今日出会った人、明日会う予定の人、
いつか話したことのある人。
人の心だけじゃない。
広場を吹き抜ける風、
窓から差し込む日の光、
帰り道にただよう夕食の匂い。
なんでも感じ取ろうとする。

1足す1は2。
それは正解だ。
でもあなたは、
なぜ3や10や100じゃダメなのか。
正解以外にも答えがないか探ろうとする。

難しい問題と出会うと、つい微笑んでしまう。
苦しくないわけじゃない。
でも「解けるまであきらめられない」と、
心のどこかで覚悟を決めてしまっているから。

あなたが一番負けたくない人物。
それは、一番輝いていたときのあなただ。
だから自分に厳しくなるのは仕方ない。
でももっと、自分に優しくしてもいい。

「たったひとつの答え」なんてない。
「絶対の正義」なんてどこにも存在しない。
あなたは誰よりもそのことに気づいている。

答えを探し続ける天秤座。
いつまでも考えを巡らせる天秤座。
その思慮深さが、みんなにとっての心の軸になる。

世の中のスピードは早い。
でも天秤座には関係ない。
この問題の、この世界の、
バランスが取れるのは一体どこか？
中心点を探りながら、
じっくりと決断していこう。

天秤座はつねに揺れている。

その揺れを止めて、急いで結論を出してはいけない。

揺れている状態こそが、

嘘偽りのない天秤座の心なのだから。

答えなんて簡単に出せない。

たったひとつの正解なんて存在しないことを、

よく知っている。

働いたり、遊んだりしながら、

つねに頭のなかでは答えを探し続けている。

優柔不断だが行動はパワフル。

そんな素晴らしい天秤座の人生を

さらに輝かせる「挑戦」と「飛躍」のために、

35のヒントとメッセージを贈ります。

天秤座のあなたが、

もっと自由に
もっと自分らしく生きるために。

LIBRA

CONTENTS

CHAPTER 1
本当の自分に気づくために
【夢／目標／やる気】————————————————022

　1　自分に夢がなくても「人」が運命を運んできてくれる
　2　理想と現実の間で「揺れ」ながら前に進む
　3　自分で自分を「キュレーション」しよう
　4　まずは見た目の「格好よさ」から入る
　5　物事を見る「視点」をどんどん増やしていく

CHAPTER 2
自分らしく輝くために
【仕事／役割／長所】————————————————036

　6　「プレゼント」を選ぶように仕事に向きあう
　7　「美的センス」を鍛えて可能性を切り開く
　8　人と人の「間」に立つ仕事を
　9　魅力を引き出す「魔法の力」に気づく
　10　「マッチング」で新しいものを生み出す

CHAPTER 3
不安と迷いから抜け出すために
【決断／選択】————————————————————050

　11　「優柔不断」でいい
　12　「全体」のなかで「美しい」かどうかを考える
　13　複数の選択肢を「調合」する
　14　「○○さん」になったつもりで選んでみよう
　15　あえて「全員のメリット」を考える

CHAPTER 4
壁を乗り越えるために
【試練／ピンチ】————————————————————064

　16　「外側の形」を変える

17 苦手なことは自分でやらずに「人の力」に頼ろう

18 「落としどころ」を探ろう

19 「察したこと」の逆をやってみる

20 「バランス」をチェックする

CHAPTER 5
出会い、つながるために
【人間関係／恋愛】─────────────078

21 八方美人で「ゆるいつながり」を広げていこう

22 「仲裁力」を発揮してチャンスを広げる

23 「雑談力」で人との距離を縮める

24 恋愛で「生の感情」を受け止める体験を

25 これからあなたが「愛すべき」人 あなたを「愛してくれる」人

CHAPTER 6
自分をもっと成長させるために
【心がけ／ルール】─────────────092

26 「パーティパーソン」になろう

27 古くならない「オシャレ」を見分けよう

28 「共創」のしくみをつくり出す

29 自分に集中する「スイッチ」をつくる

30 理想を追いかけるのでなく、理想を「デザイン」する

CHAPTER 7
新しい世界を生きていくために
【未来／課題／新しい自分】───────────106

31 「多様性の時代」にあなたはいっそう輝く

32 「忖度」する相手のレベルを上げていく

33 SNSでは「いいね」の先に行こう

34 「純真」を取り戻し自分の感情をストレートに出す術を

35 揺れ続けても「変わらないもの」を探そう

天秤座が後悔なく生きるために ─────────121

LIBRA

CHAPTER 1

本当の自分に
気づくために

【夢／目標／やる気】

あなたの夢は何か？
やりたいことが見つからないときは？
あなたの心を動かすものは何か？
天秤座のあなたが、
向かうべき方向はどこだ。

LIBRA

1

自分に夢がなくても
「人」が運命を
運んできてくれる

やりたいことや夢が見つからないとき、どうすればいいか。た
とえば、魚座なら無意識にやってしまうことに注目する、獅子座
なら子どものときに得意だったことを思い出す。

　でも、天秤座の場合は、自分のなかに深く潜っても答えは見
つからない。それよりも、外に出て、たくさんの人に出会おう。

　たとえば、あなたにこんな記憶はないだろうか。親友に誘われ
てサッカーをはじめてみたら夢中になった。同級生に負けたくな
くて塾に通いはじめた。先輩や恋人に教えてもらったアーティス
トの大ファンになって自分もバンドをはじめた……。

　そう。天秤座は人に出会って刺激を受け、新しい世界を発見
し、やりたいことを見つけてゆく。

　でも、それは「自分がない」「人に流される」ということではな
い。もともと自分のなかにあったものが他者の存在によって触発
され、化学反応を起こす。形にならなかった思いが形になり、噴
き出してくる。それが、天秤座にとっての「人に出会う」ことだ。

　だから、なるべくいろんな人に会いにゆこう。仕事や学校で交
流を広げるのはもちろん、旅行、パーティ、フェス、マルシェ、
デモ、異業種交流会……。リアルでなくてもいい。SNSやマッ
チングアプリ、オンラインゲームなどに参加して、人に会おう。

　そして出会ったら、通りいっぺんの日常会話だけで終わらせな
いで、一歩踏み込んだ話をしてみよう。趣味のこと、恋のこと、
将来の夢、人生について。新しい価値観に触れれば、心の奥に
眠っているものが刺激され、やるべきことが明確になってくる。

　たくさんの人に出会えば出会うほど、あなたはこれまで気づか
なかった新しい世界、経験したことのない充実した未来を手に
入れるだろう。「運命的出会い」がきっとあなたを待っている。

2

理想と現実の間で
「揺れ」ながら
前に進む

天秤座の占いを見ると、「ぶれる」「迷いがち」「あちこち目移りする」などとよく書かれている。確かに、天秤座はその名前が象徴するように「揺れる」ことが大きな特徴だ。

　理想と現実。伝統と革新。感情と理屈。効率とクオリティ。組織と個人……さまざまな対立するものの間で、あなたは揺れ続けることだろう。でも、それは悪いことではない。むしろ、「揺れ続ける」ことに価値がある。

　なぜなら、それはただ迷って動けなくなっているのでなく、天秤のように均衡、バランスを求めて揺れ続けているから。

　最初からど真ん中を見つけることなんてできない。時代や状況が刻々と変わっているのだから、ど真ん中の状態で固定することもできない。

　大事なのは、つねに、自分が思う真ん中を求めて揺れ続けること。

　たとえば、あなたは自分が理想や夢に向かって走っているとき、必ず「こんなことしていて、現実の生活は大丈夫か」と不安になるだろう。逆に、日常に追われていると「自分には理想があるのに、こんなことをしている場合か」と、焦ってしまうはずだ。

　でも、それでいい。理想だけ語って現実を無視したら、自分を支える基盤がなくなって、理想も実現できなくなる。逆に理想を忘れて、現実のなかに埋没したら、生きている意味がない。

　理想を追いかけながら現実に引き戻されたり、現実に流された後に理想がよみがえったり、忖度を跳ね返して何かを主張したいと強く思ったり、挫かれて現実って厳しいって引っ込めたり。それでいい。いや、それがいい。

　その揺れと葛藤が、やる気と新しい発想、行動力をもたらし、あなたを前に進めてくれるだろう。

LIBRA

3

自分で自分を
「キュレーション」
しよう

「キュレーター」という仕事を知っているだろうか。

　美術館や展覧会などで、収蔵・展示する作品を選び、その美しさや価値が広くみんなに理解されるよう、展示、説明の仕方、打ち出し方、構成や演出を決めていく仕事。

　天秤座には、このキュレーションの能力がある。

　それは、天秤座が美の女神・アフロディーテを守護神に持ち、美的センスに優れているというだけじゃない。本質を見抜く洞察力と客観的な視点、アレンジ能力があるから、美術作品にかぎらず、価値のあるものを見出して、演出して、広めていく力がある。

　その能力を自分にも使ってみよう。

　まずは、自分にどんな長所、魅力、能力があるかを、客観的に考えてみる。自分自身を見つめるだけでなく、みんなが自分に何を求めているか、他の人たちとどう差別化を図るか、いまの時代や環境のなかでどう打ち出すべきか。

　たとえば、あなたに英語力があったとしても、あなた以上に英語が堪能な人がいたら、それは武器にはならない。でも、そこに社交性や交渉力があることをプラスして、「英語でも相手とフレンドリーな関係を築くことができる」「英語でもタフな交渉ができる」と打ち出せば大きな武器になる。

　重要なのは、外の世界とのバランスのなかで、自分のあり方、その打ち出し方を考えること。それが決まったら、いまやるべきことが見えてくる。自分を打ち出すために、何を準備すべきかみたいなことも見えてくる。

　キュレーション能力がある人は他にもいるけれど、自分で自分をキュレーションできるのは、天秤座だけ。その力を存分に使って、やりたいこと、やるべきことを見つけていこう。

LIBRA

4

まずは
見た目の「格好よさ」
から入る

天秤座にモチベーションをもたらしてくれるのは中身よりまず、「形」や「格好よさ」。だから、すこしでも興味のあることが見つかったら「カッコいい」「美しい」と思える形から入ればいい。

　料理をはじめるなら、最初からプロが持つ本格的な調理道具をそろえる。自宅で仕事をするなら、まず大きい机を用意してみる。ファッションの仕事をしたいなら、まず、とびきりオシャレな街のオシャレな部屋に住む。やりたいことがはっきり決まっていない場合は、憧れの芸能人やアーティストと同じ服を着て、同じ生活スタイルを実践してみるのもいいかもしれない。

「格好から入る」のは、中身がともなっていない感じがするが、天秤座が美しいと思う形は、クオリティや機能と直結している。

　むしろ、外見を整えることで、自分のなかのハードルが上がり、高い志を持つようになる。格好よく見える形を意識しているうちに、内面もそれに見合うように成長し、洗練されていく。

　野球のピッチャーが理想的な投球フォームを追い求めることで投げる球の威力を増していくように、ゴルフでスイングの形を心がけているとショットの軌道が安定して飛距離が伸びていくように、外から見える形にこだわることが中身を充実させていくのだ。

　だから、外見を真似すればいい。美しい走り方、バッティングフォームを追求したイチロー。そのスタイリッシュで華やかな生活が注目された、フィッツジェラルドやカポーティ。天秤座の俳優やアーティストには、そのファッションやスタイルも、憧れられているような人が多い。

「あの人は格好だけ」なんていわれても、気にする必要はない。堂々と美しい「形」を目指せばいい。見た目の格好よさにこだわっていけば、いつか必ず中身がついてくる。

5

物事を見る
「視点」をどんどん
増やしていく

天秤座は、「相手の立場を推し量る」「相手のまなざしを想像する」ことに長けている。しかも、その相手はひとりではなく、すこし引いたところから、いろんな人の立場に立って考えられる。「いろんな人のことを考えると混乱する」「自分がなくなってしまう」「疲弊して身動きが取れなくなる」という人もいるけど、天秤座はそんなことはない。他者の視点に立てば立つほど、物事の本質が見えてくる。アイデアが湧き、やりたいことが見えてくる。

　たとえば、あなたが料理人をしているなら、料理を「つくる人」の視点だけでなく、「食べる人」「批評する人」「サーブする人」「経営する人」「宣伝する人」……あらゆる立場に立って考えてみる。

　それでは、ひとつの道を極められないという人もいる。

　確かに、"その道何十年"の昔ながらの職人のようにはなれないかもしれない。でもそのかわりに、物事を立体的にとらえられるようになり、新しい可能性が広がっていく。

　たとえば、料理をさまざまな視点で考えているうちに、味だけでなく、見た目の華やかさも追求したくなる。経営者の視点を持った結果、新しい料理にチャレンジしようと思いはじめる。宣伝を考えているうちに、お店よりも、自分の料理をレシピ化したり教室を開くことに興味が湧いてくるかもしれない。

　もちろん1周まわって、最終的に「やっぱり料理を極めたい」となることもある。そのときは、そこから料理に集中すればいい。回り道のように思うかもしれないが、最初からひとつに決めるよりも、いろいろな視点に立ったうえで、ひとつを選び取ったほうが、よりモチベーションが湧くし、高いレベルに行ける。

　だから勇気を持って「視点」を増やしていこう。天秤座はその数に比例するように、輝きを増していける星座なのだから。

LIBRA

PERSON
天秤座の偉人
1

「うまくいかなかった」から
生まれた偉大な才能

羽生善治
Yoshiharu Habu

1970年9月27日生まれ
将棋棋士

埼玉県に生まれ、小学生で将棋をはじめる。子ども将棋大会で予選落ちしたことをきっかけに将棋道場に通うようになり、一気に実力を伸ばす。小学6年生で奨励会に合格、中学3年生でプロ棋士としてデビューを果たす。18歳で最優秀棋士賞、19歳で竜王を獲得し、25歳のときには七冠王になるなど将棋史に残る活躍を続けている。なお、チェスの愛好家でもあり、タイトルも獲得している。

参考 「コトバンク」
https://kotobank.jp/

LIBRA

PERSON
天秤座の偉人

2

たまたまの出会いが
彼をスターにした

ヒュー・ジャックマン
Hugh Jackman

1968 年 10 月 12 日生まれ
俳優

オーストラリア出身。シドニーの大学で、単位が取りやすいから
と演劇の科目を選択したことがきっかけで俳優を志す。芸術大
学などで演技を学び直し、卒業後はテレビドラマなどで活躍す
る。その後、『X−メン』のウルヴァリン役に抜擢されてハリウッ
ド進出すると、『ソードフィッシュ』『ニューヨークの恋人』なとに出
演。2004 年『ヴァン・ヘルシング』の主演で不動の人気を獲得
した。ブロードウェイでもトニー賞主演男優賞を受賞している。

参考 「allcinema」
https://www.allcinema.net/person/289678

LIBRA

CHAPTER 2
自分らしく輝くために

【仕事／役割／長所】

あなたに備えられた才能はなんだろうか？
あなたが最も力を発揮できるのはどんな場所？
あなたが世界に対して果たす役割は何か？
天秤座のあなたが、最も輝くために。

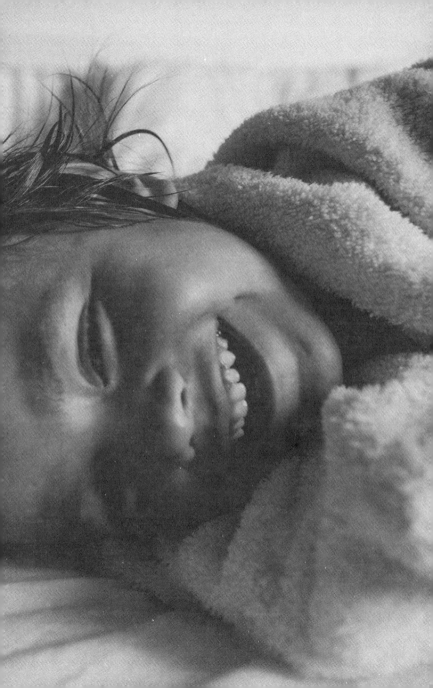

LIBRA

6

「プレゼント」を
選ぶように
仕事に向きあう

天秤座はよく「プレゼントの達人」といわれる。相手の好みを
いつの間にか把握し、その人が一番よろこぶもの、その人にピッ
タリなものを選ぶことができる。相手が一番感激するタイミング
や方法でプレゼントを贈ることができる。

　それは、天秤座に人の気持ちを察する特別な力があるから。

　だったら、その力を、仕事でも使ってみたらどうだろう。

　プレゼントは相手が決まっているから、と思うかもしれないが、
仕事でもまず、商品やサービスを届ける相手＝ターゲットを想定
すればいい。年齢はいくつくらいで、どんな仕事をしていて、ど
んな家族構成で、休日は何をしているか。そういったところまで
細かく想像したら、相手が何を求めているのか、どんな商品を
つくればいいか、どんなサービスならよろこぶか、がわかってく
る。

　直接、物やサービスを売る仕事じゃなくても同じこと。自分の
ことを一番評価してもらいたい相手、たとえば、上司や部下、取
引先、会社全体の考えなどを想像すれば、何に取り組めばいい
か、何をアピールすればいいか、がはっきりしてくる。

　それが見えたら、あとはどんどん具体的な戦略が思い浮かん
でくるはずだ。どういうタイミングで、どういうアプローチを取る
のが効果的か、どういうふうに物事を進めていくか。

　なんの条件もなく、真っ白な状態で考えるほうが自由に発想で
きるという人もいるが、天秤座はそうではない。何かしら条件が
あって、限定されていたほうが、かえって具体的でおもしろいアイ
デアが生まれてくる。

　大切なのはまず「誰に向けて仕事をするか」と考えること。相
手を具体的に想像することで何をすべきかが見えてくる。あなた
の可能性もどんどん広がってゆくはずだ。

LIBRA

7

「美的センス」を
鍛えて
可能性を切り開く

天秤座の守護星・金星が象徴する女神・アフロディーテ。「美」をつくり出すその力はゼウスやアポロのような大神からも一目置かれていたという。

　だからなのか、天秤座には周りから「センスがあるね」「オシャレだね」といわれる人が多い。「私は服や流行に無頓着」という人でも、部屋に置いてあるものや聴く音楽、ちょっとした手土産などにセンスの片鱗がうかがえる。あるいは立ち居振る舞いや会話がどことなく洗練されている人も少なくない。

　その表れ方は努力や環境によって違っているが、天秤座には生まれながら「美しいものを見抜くセンス」が備わっているのだ。

　もしあなたがデザイナーやカメラマン、スタイリスト、美容師のように美しい形を生み出したり、美術館のキュレーター、ギャラリストなどのように、美しいものを選ぶ仕事に取り組んだら、きっと成功できるだろう。

　いや、直接「美しさ」を追求する仕事でなくても、天秤座がそれぞれの分野で美的センスを発揮すれば、必ず評価される。

　たとえば、あなたがカフェで働いているなら、カップや食器選び、料理の盛り付け方で気づいたことを提案してみるといい。どんな場所も仕事も、あなたが加わることで洗練されたものになる。平凡だったものが、たちまちオシャレに生まれ変わる。

　だから、そのセンスが錆びついてしまわないように、日頃から鍛えておこう。いい音楽を聴く。定期的に美術館に出かける。いいワインを飲みながらソムリエと会話する。一流ホテルに行って、コンシェルジュたちの身のこなしを見るだけでもいい。

　センスを高め、発揮することがあなたの評価を高め、輝く未来に連れて行ってくれるだろう。

LIBRA

8

人と人の「間」に
立つ仕事を

よくいわれるように、天秤座は、社交性があって、対人能力、コミュニケーション能力が高い。相手の気持ちを察することができて、物腰がやわらかく、人当たりもいい。

　一流ホテルや結婚式場、高級レストラン、パーソナルスタイリストなど、高いレベルの接客やサービスが求められる仕事をすれば、他の人にはない能力を発揮するだろう。

　でも、天秤座の対人スキルは、たんに人をよろこばせたり気持ちよくさせることにとどまらない。相手を説得・交渉したり、人と人の間を取り持つ能力もあるから、営業、転職エージェントや不動産仲介、投資コーディネーターなどにも向いている。

　人をまとめる力があるから、リーダーとして組織をマネジメントしたり、プロデューサーとして大きなプロジェクトを率いることもできる。天秤座は強引に命令するだけの体育会的チームづくりでなく、メンバー全員が能力を発揮し、それぞれが達成感を感じるマネジメントができるから、高い評価を得られるはずだ。

　もっと複雑な人間関係に対応する能力もある。対立する人と人の間に入って仲裁したり、多くの人の利害が絡んでこんがらがった問題をひも解いて、まるく収めることもできる。弁護士や政治家のような高度なコミュニケーションを求められる仕事をしても、手腕を発揮できるだろう。

　ポイントは、人に接するだけでなく、人と人の間に立つこと。人をつなげたりまとめる役割を担うこと。プライベートでも会合の幹事役や組合のリーダー、自治会や PTA の役員などを積極的に引き受けよう。楽しい、おもしろいと思えてますます能力が上がっていく。周囲の信頼や評価も高くなって、あなたの人生はとても充実したものになるはずだ。

LIBRA

9

魅力を引き出す
「魔法の力」に
気づく

天秤座は褒め上手。あなたに褒められると、褒められた当人もうれしいし、周囲もその人の新たな魅力を知るようになる。

　それは、口がうまいとか、社交辞令に長けているということじゃない。天秤座は、どんな人、どんな物にも、いいところを見つけ出す能力がある。誰も気づいていなかった魅力をクローズアップして、みんなにわかりやすく伝えることができる。

　実際、天秤座には「魔法使い」のような人がいる。

　ガラクタみたいに思われていたものを素敵なインテリアにする空間デザイナー、出演者たちの魅力をたくみに引き出し人気者にするテレビ司会者、"片付け"という地味な作業をときめく魔法と表現し、世界的に有名になった片付けコンサルタントの女性も天秤座だ。

　あなたにも、こうした人たちと同じ能力がある。ポイントは、気になるものを見つけたら、どんな角度でどう見せるか、どこをクローズアップするか、どう飾るか、を考えること。

　営業の仕事をしているなら、商品やサービスの別の魅力やセールスポイント、新しい売り方を考える。打ち出し方から逆算して、既存商品をリニューアルするアイデアを考えてみるのもいい。

　SNSでもその力は発揮できるだろう。食堂のおばあちゃんがかわいい。ひなびた商店街がエモい。みんなが気づいていない魅力を発見して、SNSに載せてみよう。いつの間にか、インフルエンサーと呼ばれるようになっているかもしれない。

　天秤座の「魔法の力」はどんな仕事にも使える。

　仕事が退屈だなと思っているなら、そんなときこそ、ぜひその力を使ってみよう。きっとあなたも周りも、魔法がかかったみたいに一変するはずだ。

LIBRA

10

「マッチング」で
新しいものを
生み出す

アイデアというと、ゼロから閃くものというイメージがあるが、そんなことはない。実際は、何かと何かの組み合わせからおもしろいアイデアが生まれているケースのほうが多い。

　たとえば、保育園と老人ホーム。野菜とお寿司。乳酸菌とチョコレート。一つひとつは平凡だけれど、組み合わせることで、新しいものに生まれ変わったり、何倍にも魅力的になることがある。

　天秤座はそういう黄金の組み合わせを見つけ出し、うまく結びつける力がある。

　もし仕事で、アイデアに行き詰まったときは、いきなりゼロからしぼり出そうとするのでなく、組み合わせを考えてみたらどうだろう。欠点を補い合えるもの、真逆のもの、みんなは気づいていないけれど実は似ているもの。もしかしたら、あなたもヒット商品を生み出せるかもしれない。

　組み合わせるのはアイデアだけじゃない。天秤座が得意なのは、人を「マッチング」すること。人の気持ちや好みなどを推し量る力があるから、「この人とこの人が絶対合う」とわかる。そういう力を利用して、人と人をつなぐことを意識してみるといい。

　恋愛や友情を取り持つだけでなく、地方で物づくりをしている職人と先端のデザイナーを引き合わせたり、後継者がいない町工場と気鋭の起業家を結びつけたり。そうやって人と人をつないでいくと、新しい展開、新しいビジネス、新しいコミュニティが生まれる。相手に感謝されるのはもちろん、その組み合わせから生まれた利益や果実は確実に将来、あなたに返ってくる。

　あなた自身が何かを直接、生み出さなくていい。人と人をつなぐことを意識するだけで、天秤座は「マッチングアプリ」のようにみんなに求められる存在になれる。

LIBRA

PERSON
天秤座の偉人
3

時代を変え、作品を変え、伝え続ける仕事

高橋留美子
Rumiko Takahashi

1957 年 10 月 10 日生まれ
漫画家

新潟県生まれ。1978 年、大学在学中に描いた『勝手なやつ
ら』が賞を受賞し、『週刊少年サンデー』でデビュー。同誌で『う
る星やつら』の連載をスタートさせると、小学館漫画賞を受賞、
アニメ化もされ国民的な人気を博す。その後も『めぞん一刻』『ら
んま 1/2』『犬夜叉』『境界の RINNE』などの大ヒット作を生
み出し続けている。デビューから 40 年以上、休むことなく週刊
連載の漫画を描いており、日本を代表する漫画家となっている。

参考 「コミックナタリー」
https://natalie.mu/comic/artist/1954

LIBRA

PERSON
天秤座の偉人
4

その美しさで文学界と
社交界を渡り歩いた

トルーマン・カポーティ
Truman Capote

1924 年 9 月 30 日生まれ
小説家

『ティファニーで朝食を』の作者として知られるアメリカの小説家。1948 年の『遠い声 遠い部屋』で本格的に作家デビューを果たすと、その端整なビジュアルも相まって一躍人気作家となった。映画化された『ティファニーで朝食を』、実際にあった事件をもとにしたノンフィクション小説『冷血』などを発表。セレブたちとの交流も有名で、その生涯は『トルーマン・カポーティ 真実のテープ』というドキュメンタリー映画にもなっている。

参考 「ほんのひきだし」
https://hon-hikidashi.jp/enjoy/118433/

LIBRA

CHAPTER 3

不安と迷いから
抜け出すために

【決断／選択】

人生は選択の連続だ。
いまのあなたは、過去のあなたの選択の結果であり、
いまのあなたの選択が、未来のあなたをつくる。
天秤座のあなたは、何を選ぶのか。
どう決断するのか。

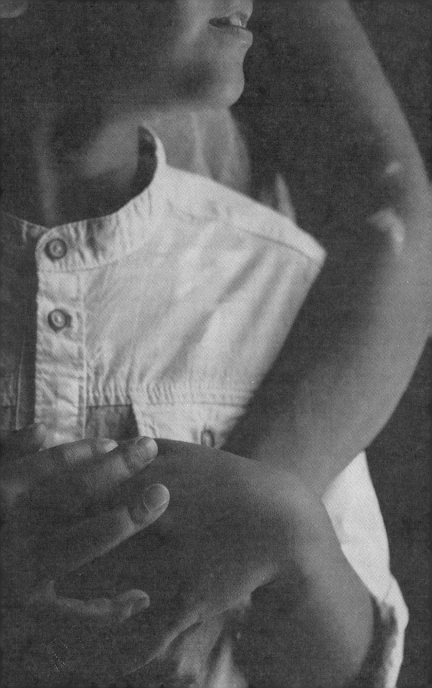

LIBRA

11

「優柔不断」でいい

天秤座は「優柔不断」とよくいわれる。あなたも友人や同僚にいわれたことがあるかもしれない。

　でも、天秤座の場合は意思が弱くて誰かの意見に流されたり、頭が真っ白になって動けなくなっているわけじゃない。いろんなことを考えに考えるから、すぐに選べないだけ。選んだ後にもまだ「これでよかったのか」と思い直すから、ふらついているように見えるだけ。

　その迷いはむしろ天秤座にとって大切なプロセスだ。

　さまざまな要素を吟味することで、選択肢にどういう違いがあるか、どういうメリット・デメリットがあるかを、多面的に分析できる。判断があっち行ったりこっち行ったりすることで、それぞれの選択肢のリスク、問題点をリアルに把握することができる。

　試行錯誤し、迷い、揺れる。天秤座はその回り道によって、判断が研ぎ澄まされ、適切な答えに近づいていけるのだ。

　しかも、そのプロセスはあなたのなかで財産となる。迷いに迷って得た結論が、即断したときと同じ内容だったとしても、迷う過程で得た思考・知識が周りの人を説得したり、交渉したりするときに、大きな力になる。

　優柔不断といわれるのは、天秤座にとっては自分らしくいられていることの証明。「褒め言葉」と思って気にしなくていい。

　逆に、気をつけないといけないのは、一貫性にこだわらなきゃ、早く決めなきゃ、一度決めたら変えてはいけない、と思ってしまうこと。そうすると本当のあなたの良さが失われてしまう。あなたの一番大事な思考が失われてしまう。

　天秤座は揺れることで、本当の答えに近づいていける。そのことを忘れずに、考え、迷い、試行錯誤を続けよう。

12

「全体」のなかで
「美しい」かどうかを
考える

天秤座が何かを選ぶときは、一点にとらわれないほうがいい。目の前の課題やテーマだけに集中すると、逆に迷いがどんどん深くなってしまう。

　だから選択を迫られたときは、カメラをズームアウトするように、視野を広げていこう。

　古代ギリシャの哲学者たちは、「美」を「調和」に基づくものと定義づけていた。

　天秤座が目指しているのもまさにそう。同じく美の女神・金星を守護星に持つ牡牛座は一点豪華主義的な美しさを求めるところがあるが、天秤座は違う。全体のなかでどう見えるか、どうバランスを保てるか、全体のなかで美しいかどうかが大切な判断基準になる。

　たとえば椅子を選ぶとき。椅子の張り地や素材にフォーカスするより、どんな部屋に置くのか、部屋のなかでどう置かれ、どういう見え方をするかを考えたほうが納得のいく答えが見つかる。

　服を選ぶときもそう。服の形や色だけでなく、いつどういう場でどういう人と会うときに着るのか、TPO を想像したほうがいい。

　この方法論が有効なのは、小さな選択だけではない。人を採用する立場なら、その人の能力や性格を掘り下げるより、いまの組織のなかでどういう役割を担ってくれるか、他の人とどう関係を持ってくれるか、を考える。

　学校を選ぶときも、進学率や就職率より、自分の生活や人生のなかでしっくりくるかどうかを判断基準にしよう。

　どう調和するかを見抜かせたら、天秤座の右に出るものはいない。

　あなたが全体を想像して、しっくりくるな、綺麗だな、と感じたものは、必ずいい結果をもたらすだろう。

13

複数の選択肢を
「調合」する

A、B、C、3 つの選択肢のうちどれかを選べといわれたとき、多くの人はひとつを選び 2 つを捨てる。

　でも、天秤座は、無理に捨てる必要はない。星座によっては、きちんと決めてひとつに集中したほうがいい星座もあるけれど、天秤座はそうとはかぎらない。A も B も C もかけ持ちして、両立させることができる。

　ただし、気をつけておきたいのは、バランス。

　両立するというと、3 つすべてを同じように全力でやらなくてはいけないと思いがちだが、7:2:1 とか 4:4:2 とか重点の置き方は違っていい。ある時期は A を 10 割やってそのあとしばらく B を 10 割やってというふうに、ローテーションしたっていい。

　たとえば、いまの仕事、趣味の旅行、カフェを開きたいという夢のうちどれを取るかで迷っているなら、どれもあきらめないで、配分を考えてみよう。

　平日はいまの仕事をしながら、休日は趣味とカフェの準備に半分ずつ使う。趣味の旅行先で、カフェを巡り、趣味と将来への準備の両方を兼ねる。平日いまの営業の仕事をがんばりながら、将来カフェをやる場合に役立つ人脈や知見を身につける。

　どう両立させるかを考えていると、優先順位や組み合わせ方、特性などもわかってくる。ミックスしたり、いいとこ取りする方法も見えてくる。

　薬を調合するみたいに、いろんな組み合わせ方、両立させる方法を考えればいい。

　とにかく重要なのは、バランス。試行錯誤しながら、そのときのあなたにとって最適なバランスを見出せば、あなたは他の人よりずっと豊かな人生を手に入れることができる。

14

「○○さん」に
なったつもりで
選んでみよう

いろんな人の視点に立って物事を考えることができる天秤座。だったら、迷ったときも、この能力を活かしてみたらどうだろう。

　自分では選択・決断できない岐路に立ったとき、別の人の立場、別の人の視点になって考えてみる。

　会社ですごい業績を上げている上司なら、この場合どうするだろう。ユニークな発想でいつもみんなを驚かせているあの同僚だったら、なんていう？　友人に頼られることの多い親友は、こんなときどんな選択をする？　愛されキャラの○○さんなら、何を選ぶ？

　想像するのは、別に身近な人でなくてもいい。

　あなたが著書をよく読んでいる注目の経営者や、大ファンのスポーツ選手、アーティスト。そういう有名人のなかから、いま自分の目の前にある選択と似た選択をしたことのある人を探してみる。大きな決断をして成功を収めた人、冷静な判断でリスクを回避した経験を持つ人、どんなことがあっても前向きさを失わない人を思い浮かべるのもいいだろう。

　他者に対する想像力に優れている天秤座なら、その状況で誰を想像すれば、最も適切な判断ができるか、がわかる。相手が直接会える人なら、実際にその人に会いに行って、意見やアドバイスを求めるのも手だ。

　自分とその人は違うだなんて思わなくていい。自分のやり方に固執しない。他人からアイデアや考え方を引き出し取り入れる。そんな柔軟さが天秤座にはある。自分に固執するよりも、他者への想像力を生かすことでこそ、天秤座は選択・決断ができる。

　「○○さんになって考える」は天秤座にしかできない方法。あなたも迷いを吹っ切って、前へ進もう。

LIBRA

15

あえて
「全員のメリット」を
考える

周囲に「八方美人」といわれがちな天秤座。知り合いにこんな説教をされたことがある人も少なくないだろう。
「みんなが納得する結論なんてない」
「みんなが幸せになるような選択肢なんてない」
　確かに、それはその通りかもしれない。現実には、全員が100％満足する結論に辿り着くことは、ほとんどない。
　でも天秤座はそれでも、全員が納得する解決策、全員が幸せになる方法をあえて考え続けたほうがいい。そのことによって、新しいアイデアや突破口を見出すことができる。
　みんながうまくいくことを考えて、調整やシミュレーションをしていくと、100％じゃなくても、三方一両損のようにみんながすこしずつ譲る方法に辿り着くかもしれない。あるいはシミュレーションの過程で、問題を別の角度からとらえなおして、まったく新しいアイデアが生まれることもあるだろう。
　表面的な合意でなく、もっと深いところで合意を見出すこともできる。たとえば、一緒に映像作品をつくることになって、アニメか実写作品かで揉めたとしよう。
　そんなとき、表面的な方法論をいったん横に置いて、本当は何を表現したいのか、一番大事にしたいことは何か、本質を突き詰めていく。そうすれば、もっと重要な指標、判断基準が見えてくる。方法論に多少の食い違いがあっても、そこが一致していれば、みんなが納得できる。
　大切なのはどんなに難しくても、みんなが納得できるような方法を考えようと天秤座が心を砕くこと。それによって、あなたの選択はもっと新しくもっと洗練されたものになっていく。それとともに、あなたの評価も高まっていくだろう。

少女時代から期待され続け
結果を残した女性

浅田真央
Mao Asada

1990 年 9 月 25 日生まれ
フィギュアスケーター

愛知県名古屋市出身。早くから非凡な才能を発揮し、小学 6 年生で全日本選手権に特例で出場を果たす。その後、2005 年に世界ジュニア選手権で優勝し、2010 年のバンクーバー五輪では銀メダルを獲得。このとき、女子シングル史上はじめて「3 度の 3 回転アクセル」を成功させたことでギネスに認定される。世界選手権で 3 度の優勝など、数々の国際大会で結果を残す。なお、大の犬好きであるが犬アレルギーであるらしい。

参考 「スポニチアネックス」
https://www.sponichi.co.jp/person/UDAR10124019/

明治時代の日本を
世界に紹介した女性

イザベラ・バード
Isabella Bird

1831 年 10 月 15 日生まれ
旅行家

イギリス生まれの旅行家。いまのように飛行機のない時代に世界中を旅行・探検し、その紀行を本にまとめた。1878 年（明治 11 年）には日本にもやってきており、アイヌの人々が住んでいた北海道の平取（びらとり）から伊勢神宮まで、約 4500 キロの行程を 7 カ月かけて旅をした。その様子は『Unbeaten Tracks in Japan（日本の未踏路）』という本にまとめられている。1891 年、女性としてはじめて王立地理学協会特別会員に選ばれた。

参考 「nippon.com」
https://www.nippon.com/ja/japan-topics/g00829/

LIBRA

CHAPTER 4
壁を乗り越えるために

【試練／ピンチ】

あなたの力が本当に試されるのはいつか？
失敗したとき、壁にぶつかったとき、
落ち込んだとき……。
でも、大丈夫。
あなたは、あなたのやり方で、
ピンチから脱出できる。

LIBRA

16

「外側の形」を
変える

人は落ち込んだときや悩んだときに、つい自分の内面にばかり意識が向きがち。自己啓発書などを読んでも内面の向き合い方や心の持ち方、自分の見つめ方を書いているものが少なくない。

　でも、天秤座は、いくら内面を向いても悩みは解決しない。

　天秤座は、形から入ることでモチベーションが上がって、成長できる星座。何かを変えたいと思ったときも、形から入ったほうが、変化が起きやすい。

　だから、落ち込んだり壁にぶつかったりしたときは、内面を見つめるよりも、外側の形を変えてみよう。

　たとえば、仕事を変えてみる、引っ越しをして環境をがらりと変えてみる。新しく習い事をはじめてみるのもいい。

　近いのは、自分が入っている「箱」「器」を新しくする、というイメージ。

　新しい箱に入ると、天秤座はこれまでの自分が一新されて、その場所に合わせた「新しい自分」が生まれる。「新しくなった」という感覚が天秤座を元気にしてくれる。

　変える形は、そこまで大きなものでなくていい。いままでしたことがなかった髪型にする、着たことがなかった服を着てみる。

　ポイントは、できるだけ前向きなほうへ、アグレッシブなほうへ変えること。

　たとえば、いま、部屋の主役がゆったりくつろげるソファーなら、それを取り払ってパソコンや本棚が主役の書斎に模様替えする。新しいことに踏み出すきっかけになるかもしれない。

　落ち込んだときは、何かひとつでいいから、まず、いまの形を変えてみよう。変わったものはたいしたものでなくても、それによって起きるあなたの意識の変化はとても大きくなるだろう。

LIBRA

17

苦手なことは
自分でやらずに
「人の力」に頼ろう

壁にぶつかって、どうしても物事がうまく進まないとき。天秤座の場合、その壁をひとりで乗り越える必要はまったくない。

　苦手なことは自分でなんとかしようとせず、誰かに頼ろう。

　自分より得意な人がいれば、とっとと逃げ出して、その人に丸投げしてもいい。トラブルが起きたときも、自分で抱え込まないで、信頼できる上司に頭を下げて処理をお願いしよう。ライバルや後輩でも、その役割が自分より向いていると思ったら、どんどん頼っていい。

　天秤座は人を動かす力があるし、相手が頼れるかどうか、能力があるかどうかを見抜くことができる。頼った相手は必ずあなたをうまく助けてくれるはずだ。

　相手に面倒がられないか？　と心配する必要はない。

　普段、いろんな人の思いをくみとっているあなただから、その人のために率先して動いたことがきっとある。あなたが頼めば、「いつもいろいろやってもらっているから」と快く引き受けてくれるだろう。

　それでも助けてもらうことに抵抗があるなら、専門家や詳しい人に相談に行くだけでも、友人に悩みを打ち明けるだけでもいい。

　コミュニケーション能力の高いあなたなら、問題や悩みをきちんと伝え、相手から的確なアドバイスを引き出すことができる。

　とにかく大切なのは人に会うこと。落ち込んでいると、人は「誰とも会いたくない」という気持ちになりがちだけれど、天秤座はむしろ、落ち込んだときこそ、積極的に人に会いに行こう。人が集まっているところに出かけて行こう。

　天秤座の力の源泉は人。落ち込んだときも人に会いさえすれば、壁を乗り越えるヒントがきっと見つかる。

LIBRA

18

「落としどころ」を
探ろう

「落としどころ」という言葉がある。人との交渉などで妥協点を見つけるときに使う言葉だが、調整能力の高い天秤座は「落としどころを探す名人」といわれることもある。

　だったら、どうしても乗り越えられないと感じる壁や障害があるときにも、「落としどころ」を探してみたらどうだろう。

　たとえば、あなたがお店を出そうと準備している途中、自分の理想のイメージを実現するには圧倒的にお金が足りないことがわかった。普通ならあきらめるか、無理をしてどこかでお金を借りるしかないけれど、その前に「落としどころ」を探ってみよう。

　この部分は絶対に譲りたくない、でも、妥協して削れるところはないか？　この設備はどうしても必要か？　インテリアのクオリティを落とせないなら、いっそ面積を狭くしたらどうか？　こんなふうに、立ちはだかっている壁と対話しながら、理想と現実の妥協点を探そう。

　本来、天秤座はひとつのやり方や自分のスタイルに固執することなく、自分の能力や周囲の環境を客観的にとらえ、突発的な事態や状況の変化にも臨機応変に対応していくことができる。相反する複数の要素を両立させる方法を見出すこともできる。壁を壁と感じないで、解決策を見出すことをおもしろがるところすらある。

　そんなあなたが壁にぶつかってどうすればいいかわからなくなっているとしたら、「これじゃなきゃ」と思い込んで、柔軟な自分の持ち味を見失っているのかもしれない。

　壁というのは、ようするに、自分がやりたいことと現実の状況のギャップ。それをどう埋めて、どう折り合いをつけるか。落としどころを探しているうちに、本来の冷静で客観的な自分を取り戻せるだろう。

19

「察したこと」の
逆をやってみる

天秤座のあなたがしんどくなったり、やる気が出ないときは、もしかしたら、人の立場を考えることに疲れているのではないだろうか。

　何度も繰り返してきたように、天秤座には人を察する能力がある。相手の思いがわかって、気をつかうから、知らず知らずのうちにストレスが溜まっていく。

「人のことを考えるのをやめたら」とアドバイスしてくれる人もいるけれど、やめようと思っても、無意識に相手を察して、その気持ちがわかってしまうのが、天秤座。

　だったら、「察する」のはやめなくていいから、察した後の行動を変えてみたらどうだろう。

　相手が自分に求めていることがわかっても、あえてやらない。あるいは、察したことと、あえて逆のことをする。

　意地悪な行動に思うかもしれないけれど、そうじゃない。

　天秤座の人を察する能力は素晴らしいけれど、時折、自分を縛りつけ、窮屈な状態に押し込んでしまうことがある。

　でも、ゲームのようにあえて逆をやってみると、「他人の気持ちに応えなきゃ」という気持ちから自由になって、すごく楽になる。人の期待から解放されて、いったん休憩ができる。

　もっといいのは、新しい視点を得るきっかけになること。人に合わせることで、こぢんまりまとまったり、予定調和におちいることが多かったのが、タガが外れてユニークなアイデアが湧いてくる。

　相手と関係が悪くならないか心配？　大丈夫。本来あなたは相手の求めに応じられる人、すこしリフレッシュしたら、相手のために動ける人にすぐ戻れる。だから、勇気を持って「察したこと」の逆をやってみよう。きっと元気が湧いてくる。

LIBRA

20

「バランス」を
チェックする

何より「バランス」を大事にしている天秤座。元気が出ない、やる気が出ない、なんとなく憂うつなときは、自分のバランスをチェックしてみよう。

　仕事と私生活のバランス。仕事のなかのタスクのバランス。人間関係のバランス。自分と他人のバランス。

　まずチェックしたいのは、どちらかに偏りすぎていないか。人の心にはアクセルとブレーキがあるが、臆病になりすぎてブレーキばかり踏んでいたり、何かに入れ込みすぎてアクセルを踏みっぱなしにしていないか、チェックしてみよう。

　２つ目は、意識しているバランスが古くなっていないか。自分では以前と同じバランスでやっているつもりなのに、うまくいかない。それは、状況の変化でかつて理想だったバランスが通用しなくなっているからかもしれない。

　３つ目は、バランスを取ろうとしすぎていないか。全部同じくらいやらなきゃと思ってしまって、身動きが取れなくなってしまっているのではないか。

　いいバランスというのは、全部同じとかど真ん中ということではない。たとえば、あなたにとって最適なバランスは 7:3 かもしれないし、それは状況によっても変わっていく。

　だから、いろんな角度からいまのバランスを再点検してみよう。そして、自分にとっての理想のバランスを再構築していこう。

　そのためには、あえてバランスを崩してみることもひとつの手だ。何かを極端にやってみたり、何かを思いきって捨ててみたり。そうすることで、しっくりくるバランスがわかってくる。

　自分らしいバランスさえ見つけられれば、天秤座はどんな壁でも軽々と乗り越えていけるだろう。

マイペースに
たんたんと挑戦し続けた男

イチロー
Ichiro

1973 年 10 月 22 日生まれ
元野球選手

愛知県出身で、高校卒業後 91 年にオリックスに入団。入団時はドラフト 4 位指名だったが、首位打者・打点王・盗塁王などの大記録を打ち立てる。その後、メジャーリーグ (MLB) のシアトル・マリナーズに移籍すると、1 年目から MLB 最多安打を獲得。ファン投票では 3 年連続 1 位を獲得する大活躍を見せる。「メジャー歴代シーズン最多安打記録」を打ち立てるなど、世界のトップ選手として球界に名を残し、2019 年に現役を引退した。

参考　「週刊ベースボール ONLINE」
https://sp.baseball.findfriends.jp/player/%E3%82%A4%E3%83%81%E3%83%AD%E3%83%BC/

LIBRA

PERSON
天秤座の偉人
8

生涯弾き続けた
20世紀最高のピアニスト

ウラディミール・ホロヴィッツ
Vladimir Horowitz

1904年10月1日生まれ
ピアニスト

「20世紀最高のヴィルトゥオーソ（演奏家）」と呼ばれるピアニスト。6歳でピアノをはじめると、わずか8歳でキエフ音楽院に入学。1922年にプロデビューを果たす。リサイタルは各地で成功を収め、ヨーロッパで一躍有名となった。1928年にはアメリカデビューを果たし、世界中でその名が知られるようになる。85歳で亡くなるまで音楽家としての活動を続け、最期はニューヨークの自宅で息を引き取ったという。

参考 「Sony Music」
https://www.sonymusic.co.jp/artist/VLADIMIRHOROWITZ/profile/

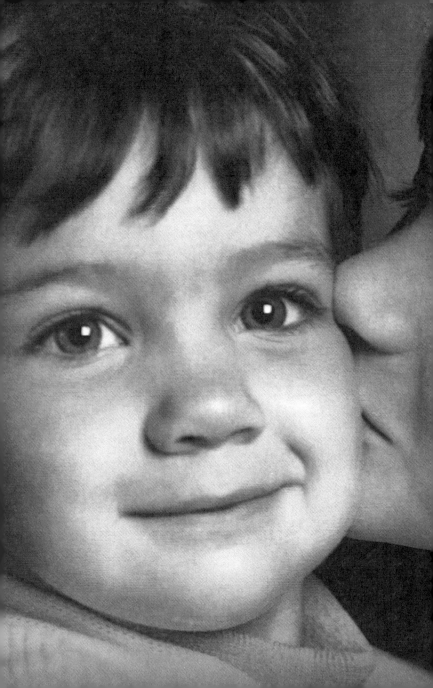

LIBRA

CHAPTER 5
出会い、
つながるために

【人間関係／恋愛】

あなたが愛すべき人はどんな人か？
あなたのことをわかってくれるのは誰？
あなたがあなたらしくいられる人、
あなたを成長させてくれる人。
彼らとより心地いい関係を結ぶには？

21

八方美人で
「ゆるいつながり」を
広げていこう

社交的で、誰とでも程よい距離感でつきあえる天秤座は「八方美人」といわれることも多い。

　八方美人というと「みんなにいい顔をしてるだけで、人と深い関係を築けない」イメージ。あなた自身も「知り合いは多いけど、本当の友だちはいるのだろうか」と悩んでいるかもしれない。

　でも、あなたは八方美人でいい。いや、八方美人がいい。

　なぜなら、あなたが「みんなにいい顔をしている」ように見えるのは、相手のためという気持ちがあるから。そのことで、みんなを心地よくし、救い、それぞれをつなぐ役割を果たしている。花から花へ飛び回る蝶のように、みんなに「蜜」を運んでいる。

　それに、天秤座は「深いつながり」をつくり出せなくても、「ゆるいつながり」を広げられるから、それが十分かわりになる。場合によってはそちらのほうが、ずっと人生を充実させてくれる。

　天秤座生まれの著名な社会学者、マーク・グラノヴェッター教授は「弱い紐帯の強み」論として、こんな提唱をしている。「家族や親友、会社の仲間との深いつながり（強い紐帯）より、たまに会う顔見知りや"知り合いの知り合い"のようなゆるいつながり（弱い紐帯）のほうが有意義な情報をもたらしてくれる」

　プライベートでも同じ。仮に家族や親友がいなくても、ご近所のコミュニティやよく行くお店の主人、趣味のサークル、好きなカフェや飲み屋で会う人……そういうゆるいつながりがたくさんあれば、十分支えになるし、豊かな人生を送れる。そこから自然に「深いつながり」が生まれる可能性もある。

　天秤座は「八方美人」という自分の特性を活かして、ゆるい関係をどんどん広げていけばいい。きっと素敵な人生を送ることができるはずだ。

LIBRA

22

「仲裁力」を
発揮して
チャンスを広げる

人間関係にまつわるいろんな能力を持っている天秤座だが、なかでも、特徴的なのが「仲裁」する力だ。

　対立やトラブルを収めるのは、通常のコミュニケーションよりも何段階も上のレベルが求められるけれど、天秤座にはその力が備わっている。

　それぞれの気持ちを細やかに察知しながら、本音を引き出す。それでいて、誰かに肩入れすることなく、客観的に一歩引いた目線で、公正にジャッジする。さまざまな状況と条件を客観的に分析し、みんなが納得する落としどころを見出す。これは、他の星座にはできないこと。

　ただ、一方で天秤座は人間関係に深入りするのが好きじゃないから、日常ではトラブルから距離を置いてしまうところがある。

　これはすこしもったいない。これからはなるべく、仲裁力を発揮して、揉め事を解決する機会を増やしていこう。

　身近なものでいい。会社の部署間の対立、友だち同士のすれ違い、ママ友の揉め事、カップルの喧嘩……。いままで見て見ぬふりをしていた周囲のトラブルにかかわって、それぞれの言い分を聞きながら、条件を調整して、解決策を提案してみる。

　あなた自身は人との距離感の取り方が絶妙だし、感情に引きずられることもないから、トラブルに巻き込まれることはない。

　みんなが納得できる提案をして、自分でも驚くくらい対立を綺麗に解消し、揉め事をうまくまとめることができる。トラブルの当事者たちはきっと、あなたに感謝するだろう。

　当事者だけではない。揉め事を解決するたびに、周囲のあなたに対する信頼は高まっていく。仲裁力はあなたの存在感と評価を高める大きな武器になるだろう。

LIBRA

23

「雑談力」で
人との距離を
縮める

天秤座には「雑談力」がある。当たり障りないのに話が弾む話題を選び、相手のことをさりげなく褒めることもできる。相手が話したいことを察知して聞き出すのもうまい。何より、リラックスした雰囲気をつくり出し相手をしゃべりやすくすることができる。

　天秤座のさりげない会話力・雑談力は、人脈を広げ維持していくのにとても役立っているはずだ。ちょっとしたビジネスやコミュニケーションでは無敵といってもいい。

　ただ、天秤座はもう一歩踏み込むとなると、とたんに臆病になってしまうところがある。

　相手と深い関係を築きたいと思ったとき、重大なことを相談したいとき、相手が心配で繊細な問題を聞き出したいとき。いまのいい空気感が壊れるのが怖くて、切り出せず、ただの雑談のまま終わってしまう。逆に、意を決して踏み込もうとすると、急に緊張して気まずくなって、いい結果につながらない。

　あなたのこれからの課題は、深い重要な話をするときも、自分や相手をリラックスさせて、心を開き合えるようにすること。

　そのためには、急にトーンを変えるのでなく、雑談のまま、スライドしていくのがいい。話題を切り替えようとか、本題を切り出そうと思わず、雑談のテーマについて深く掘り下げることで、お互いを知り、すこしずつ距離を縮めていく。

　たとえば、ドラマや話題のニュースの感想をおしゃべりしながら、当たり障りのない感想だけでなく、お互いの考えや人生観が知れるようなすこし突っ込んだ感想を聞いてみる。そうやって、すこしずつ伝えたいこと、聞きたいことに近づいていく。

　相手との関係で、雑談の深度を変えられるようになれば、あなたのコミュニケーションは完璧になる。

24

恋愛で
「生の感情」を
受け止める体験を

ダンスのステップを踏むように軽やかに人との間合いを取り、いつも客観的な視点を忘れず、バランスよく穏やかに人に接する。そんな天秤座のことをみんな「人間関係の達人だ」という。

　でも、実は天秤座のスマートさの裏には、荒々しい「生の感情」への恐れが潜んでいる。この世界には、感情に流され、矛盾に満ちた行動を取る人がたくさんいることを知りながら、見ないようにしてきた。恋をしているときですら、相手のダイレクトな感情に触れるのを恐れる自分がいる。

　もちろん、天秤座はいまのままでも十分すぎるくらい人間関係を築けているけれど、でも、もう一段上のレベルに行くために、これからは、ほんのすこしだけ論理で片付けられない部分を受け入れ、感情にはまる体験をしてみてはどうだろうか。

　荒々しい感情の人に対峙する。矛盾だらけの環境に身を置く。人がむき出しの感情をぶつけてくる国を旅してみる。

　絶好の機会になるのが恋愛。恋愛は多くの人にとって日常生活のなかで最も強く感情が動かされる。普段は冷静で理性的な人も、論理や損得ではまったく説明のつかない言動を取ったり、他の人には見せない生々しい感情をぶつけるようになる。相手のそういう感情に触れてみよう。

　あなたの冷静さを変える必要はない。客観的なところを変える必要もない。でも、感情や矛盾をもうすこし受けとめられるようになったら、あなたはもっと深みを増すことができる。

　ストレートに強い感情をぶつけてくる相手と出会えば、自分がそれまでなかった大きなパワーを発揮したり、経験したことのなかった深い関係を結べるかもしれない。あなたの世界はこれまでと比べ物にならないくらいに、広くなるだろう。

LIBRA

25

これから
あなたが「愛すべき」人
あなたを「愛してくれる」人

恋愛でも「フェアで対等」な関係を結べる相手

　恋愛ではどちらかが優位になったり、支配的な関係になることがある。でも、天秤座の場合は、恋愛でも、フェアで対等な関係がいい。仲のいい友だちのようにフラットに接することができる。四六時中一緒にいるのに、程よい距離を保てる。そんな相手に出会えたら、あなたは絶対に幸せになれる。

気をつかわずにすむ人、気づかいを理解してくれる人

　いつも人に気をつかっているあなた。だからこそ、一緒にいる相手は気をつかわずにすむ人がいい。思ったことを素直に口に出す裏表のない人。逆に、あなたが人に気づかいをしていることを理解してくれる人もすごくいい。そういう人なら、あなたも誰にも見せない自分を出せる。リラックスして、外でまたがんばれる。

あなたのバランスを崩す「アンバランス」な人

　バランスを重視する天秤座だけれど、時折、すごくアンバランスな相手に惹かれることがある。ある才能だけが突出していて、理解不能な行動ばかりする。そういう人と恋をすると、自分のバランスが崩れそうで怖いけれど、思いきって飛び込んでみよう。その恋はきっと、あなた自身の新しい可能性を広げてくれる。

歴史を写した
伝説の写真家

ロバート・キャパ
Robert Capa

1913 年 10 月 22 日生まれ
写真家

ハンガリー出身の報道写真家。各地を転々としながら戦場で写真を撮った。スペイン内戦で兵士が撃たれた瞬間を捕らえた「崩れ落ちる兵士」や第二次世界大戦のノルマンディー上陸作戦を捕らえた「D デイ」などが代表作として残っている。なお、本名はアンドレ・フリードマンで、ロバート・キャパとは、恋人だったゲルダ・タローとのユニット名でもあった。ピカソやヘミングウェイなどとも交流し、多くの人を惹きつけたという。

参考　「朝日新聞 DIGITAL」
https://www.asahi.com/culture/art/capa/

思想や価値を
歴史から見直した哲学者

ミシェル・フーコー
Michel Foucault

1926年10月15日生まれ

哲学者

フランスで生まれ、第二次世界大戦中にはパリがドイツに占
領されるという激動の時代を目撃する。哲学や心理学を学び、
1966年に『言葉と物』を発表。同作がベストセラーになると、
「構造主義（ものごとを「構造」で説明しようとする学問）」の
代表的な哲学者となる。狂気や理性といった基準は、その時
代ごとの権力が決めているだけなのだと、人の認知や自我、
権力との関係を歴史からひも解いていった。

参考 「コトバンク」
https://kotobank.jp/word/ ミシェル %20 フーコー -1629820

LIBRA

CHAPTER 6
自分をもっと
成長させるために

【心がけ／ルール】

自分らしさってなんだろう？
誰もが、もって生まれたものがある。
でも、大人になるうちに、
本来の自分を失ってはいないか。
本来もっているはずの自分を発揮するために、
大切にするべきことは？

26

「パーティパーソン」
になろう

「パーティ」と聞くと、軽薄、浮ついているという感想を持つ人もいるかもしれない。でも、パーティはいろんな人が集まり、新しい出会いが次々と生まれる場。パーティをきっかけに、人脈が大きく広がるのはもちろん、政治が動き、ビジネスがはじまり、無名のアートが注目され、大きなムーブメントになることもある。

　パーティは、まさに人と人が出会って、化学反応を起こし、大きなうねりを生み出す場なのだ。

　あなたも、この力に乗っかってみたらどうだろう。

　軽薄なイメージがある「パーティピープル」という言葉とは別に、欧米では、パーティで力を発揮する人のことを「party person（パーティパーソン）」という。パーティを通じて人脈をつくり、ネットワークを広げ、自らの成功への道を切り開く。そんな「パーティパーソン」になれる力を天秤座は持っている。

　だから、パーティにどんどん参加しよう。いま関係している人の集まりだけでなく、違う業界や趣味のパーティにも顔を出す。

　誰に対してもフラットで知的な天秤座のあなたなら、どんな職業や背景の人とでも、フランクに雑談を交わし、友好な関係を築くことができる。それをきっかけに人脈が広がり、新しいアイデアやビジネスが生まれる可能性は十分ある。

　あなたがパーティを主催してもいい。いろんな人を集めるのはもちろん、違うグループやコミュニティに属している人同士を引き合わせよう。そこから新しいものが生み出されるかもしれない。

　ビジネスをやるときに、「チームをつくれ」「コミュニティをつくれ」とよくいわれるけど、「パーティ」はやりようによっては、もっと手っ取り早く、もっと広い関係をつくり出せる。コミュ力の高い天秤座なら、それができるはずだ。

27

古くならない
「オシャレ」を
見分けよう

天秤座は、センスがあって、オシャレとよくいわれる。しかも、そういわれる天秤座が選ぶもの、身につけているものは、何年か経ってトレンドが変わっても、古い感じがしない。昔の写真を見ても、いまも通用するファッションをしていることが多い。

　かといって、定番や無難なものばかり選んでいるわけでもない。そのときどきのトレンドはしっかりおさえている。最先端の流行でありながら、時間が経つとスタイルとして定着する、本当にオシャレなものを選ぶセンスがあるのだ。

　実際、天秤座生まれの有名人には新しさと普遍性、最先端とスタンダードの両方を兼ね備えている人が多い。アバンギャルドでありながらオーセンティックなファッションを世に送り続けるコムデギャルソンの川久保玲。『ラプソディ・イン・ブルー』など、時代を経ても洗練を感じさせる名曲を生み出したガーシュウィン。

　ただ、すべての天秤座がこの特性を自覚しているわけじゃない。

　とくに多いのが、「時代を超えて通用する部分」が自分のなかにあることに気づかない人。流行に敏感なあまり、自分の選んだものやつくったものが古くなったと決めつけて捨ててしまったり、周囲への適応を過剰に意識して、いまのやり方が評価されているのに、時代に合わせようと方法を変えてしまったり。

　これはとてももったいない。天秤座の場合は、時代の変化で通用しなくなったもののなかにも、必ず普遍的な要素が潜んでいる。

「古くなった」という感覚にとらわれても、一度立ち止まって、価値がなくなったものとまだ通用するものを見分けてほしい。

　そのことを意識していけば、天秤座がもともと持っている感覚が引き出され、「本物のオシャレ」な人にきっとなれる。

LIBRA

28

「共創」のしくみを
つくり出す

「共創（co-creation）」という言葉がある。普段は関係のない企業、人が特定のプロジェクトで協力し、知恵を出し合うことで、いままでにない企画や商品を生み出すビジネスのやり方。

この「共創」に誰よりも向いているのが天秤座だ。天秤座は他人に触発されて発想が湧いてくるタイプ。相手の発想を引き出すこともできる。立場の違う人たちと一緒に何かを考えたら、絶対にひとりでは思いつかないアイデアを生み出すことができる。

ただ、いまの学校や会社には、そういうしくみがあまりない。担当が決まっていたり、チームで取り組む場合もいつも同じ顔ぶれだったり、それぞれの役割が固定化していたり。天秤座はもっといろんな人のアイデアを話し合えるしくみや場をつくろう。

自分ひとりで担当する案件でも、必ず人に相談して、多くの人を巻き込む。他の人の仕事にも積極的に協力して意見を出していく。所属部署と関係なく集まる横断的な会議体をつくるのもいい。

ブレインストーミングを定期的に開催するのも有効だ。ブレストは、いろんな人がフラットにリラックスした状態でアイデアを出し合うグループワーク。相手の意見を否定せず、アイデアを積み重ねていくため、画期的な企画が生まれるきっかけになることが多く、先進的な企業のほとんどが導入している。

それを自分で開催してやってみよう。ポイントは、所属や役職、趣味や志向なども関係なく、さまざまなメンバーを集めること。メンバーを固定せず「今日は経理の○○さんと営業の○○さんとやってみよう」という感じで、参加者をどんどん広げていく。

この共創のしくみは、すぐに役に立たなくても、確実にあなたの発想を豊かにし、思考の幅を広げてくれる。あなたがより輝くためのジャンピングボードになるだろう。

29

自分に集中する
「スイッチ」を
つくる

天秤座の力の源泉は人。つねに人と触れあい触発することで、やる気が湧くし、能力が発揮できる。

　でも、それだけでは限界がある。天秤座といえども、ひとりで集中することが必要な局面がある。ステップアップしようと思ったら、ひとりで何かを学んだり、取り組んだりする必要がある。

　そういうときのために、外からのノイズを遮り、集中状態に入る方法を体得しておこう。

　有効なのは、「スイッチ」をつくっておくこと。天秤座のイチローは打席に入る前から投手に正対するまで、毎回、はかったように同じ動作を繰り返して、一球への集中力を高めていた。それと同じように、集中していくときの形や儀式のようなものを決めて、それを習慣にしてしまうのだ。

　中身はなんだっていい。決まった地方にひとり旅に出かける、行きつけのカフェの決まった席に座る、必ず決まった色の服を着る、もちろんイチローと同じように体への働きかけを入り口にすることも可能だ。目を閉じて深呼吸を5回する、こめかみをゆっくりマッサージする、体の特定の部位をさわる。

　集中が必要なとき必ずそれをやるようにすれば、その行為自体がスイッチとなって、それをやるだけで集中できるようになる。

　しかも、形や儀式に没頭することで、自分の周りにシールドを張って、外からのノイズを遮断できるようになる。

　広い視野、他者への想像力は天秤座にとって大きな武器。でも、その他者の存在を自分の意識から出し入れできるようになれば、あなたはもっともっと自由になれる。

　みんなと触発しあい協力することもできるし、たったひとりで深く集中することもできる。そうなれば、あなたは最強だ。

LIBRA

30

理想を追いかける
のでなく、理想を
「デザイン」する

そのときどきの状況に適応して、さまざまな人の立場に立って物事を考えられる天秤座。でも、その根っこには、理想や高い目標を求める部分が必ずある。

　ただ、ひとつの目標をしゃにむに追いかけることが苦手でしんどいから、その気持ちに蓋をしてしまっていることが多い。

　だったら「理想を追いかける」のでなく「理想をデザインする」と考えてみたらどうだろう。

　デザインは、作者が自由に表現するアートとは違い、クライアントの要望や消費者のニーズ、社会の課題を受けて、バランスや条件を調整しながら、美しく整った形をつくっていく。この考え方で、現実をデザインし、理想に近づけていくのだ。

　難しいことじゃない。たとえば、会社でコミュニケーション不足が問題になっているのなら、オフィスのレイアウトを変えることで、社員同士の会話を増やせないかを考える。

　自分の生活を変えたいなら、住む場所を変える、部屋を変える、通勤ルートを変える。新しいカルチャーに接したいなら、ファッションや出かける街を変えてみる。自炊できるようになりたければ、毎日なんとなくコンビニに寄るのをやめ、目的がなくても毎日スーパーに行くようにする。

　こうした考え方は「デザイン思考」と呼ばれ、ビジネスの現場でも新しい商品やサービスの開発手法として注目を集めている。

　天秤座はこの「デザイン思考」ができる数少ない星座。だから、自分のなかの高い理想や目標を、見ないふりをするのはもうやめよう。あなたはあなたのやり方で、必ず理想を現実に変えることができる。

華麗なる生活を
地で行った大作家

F・スコット・フィッツジェラルド
Francis Scott Fitzgerald

1896 年 9 月 24 日生まれ

小説家

『グレート・ギャツビー』などの作者として知られるアメリカの小説家。第一次世界大戦に兵士として志願し、陸軍少尉として働きながら 1920 年に『楽園のこちら側』を出版する。これを皮切りに、『ジャズ・エイジの物語』『グレート・ギャツビー』などを発表。ロスト・ジェネレーションを代表する作家としてその名をはせる。妻・ゼルダとの派手な生活ぶりも社会の注目を集め、映画『ミッドナイト・イン・パリ』でもその様子が描かれている。

参考　「新潮社」
https://www.shinchosha.co.jp/writer/164/

LIBRA

PERSON
天秤座の偉人

12

唯一無二の視点で
映画を撮り続ける

ペドロ・アルモドバル
Pedro Almodóvar

1949年9月25日生まれ
映画監督

『オール・アバウト・マイ・マザー』『トーク・トゥ・ハー』などを代表作に持つ映画監督。スペインで生まれ、神学校に通うなかで映画に興味を持つようになる。弟と制作会社を立ち上げ、88年の『神経衰弱ぎりぎりの女たち』がベネチア国際映画祭で脚本賞を受賞。以後、その作品は数々の映画賞を受賞し、スペインの巨匠として知られるようになる。19年の『ペイン・アンド・グローリー』は自身の人生をモデルにした映画になっている。

参考　「映画.com」
https://eiga.com/person/65682/

LIBRA

CHAPTER 7
新しい世界を
生きていくために

【未来／課題／新しい自分】

天秤座は、これからの時代をどう生きていくのか。
変わっていく新しい世界で、
未来のあなたがより輝くために、
より豊かな人生を生きていくために、
天秤座が新しい自分に出会うために、
大切なこと。

LIBRA

31

「多様性の時代」に
あなたはいっそう輝く

人と人の違いを認め、それぞれの個性や価値観を尊重することが求められる時代。この「多様性の時代」に最も存在感を発揮するのが天秤座だ。

　それは何度もいってきたように、天秤座に他者へのまなざし、さまざまな人の立場になって考える力があるから。

　人が持っている文化や志向、価値観の違いをいち早く見極め、その人はどんな特性を持っているのか、何を大事にしているのか、何をいわれたら傷つくのかを察知できる。そのうえで、一人ひとりの思いを尊重し、対等でフェアな人間関係を築くことができる。

　天秤座の多様性への視点はこれから、さまざまな場所で必要とされるだろう。マイノリティを支え、コンプライアンスを守る役割はもちろん、ビジネスで大きな成功をつかむ鍵にもなる。

　たとえば、これまでスルーされていた人たちの困りごとに気がついて、新たなアイデアやサービスを生み出したり、すべての人が快適に使えることを目指して、画期的なデザインの新商品をつくり出したり。異なる個性や価値観の人たちを積極的に受け入れれば、組織に活性化やレベルアップをもたらす効果もある。

　多様性を生かした組織運営のことを「ダイバーシティ・マネジメント」というけれど、天秤座はその牽引役になれる星座だ。

　あなたもこれからもっと「多様性」を意識していけばいい。他者へのまなざしに優れているあなただけれど、気づかないうちに自分の視野から外れている人はいないか、改めてチェックしてみよう。その存在に気がついたら、いつものように、その人の立場に立って幸せになる方法を考えてみよう。

　多様性への視点は、困っている誰かを救うだけではない。あなた自身をいっそう輝かせてくれる。

32

「忖度」する相手の
レベルを上げていく

天秤座は「忖度（そんたく）」する力がとても優れている。

　こういうと、あなたは顔をしかめるかもしれない。

　確かに「忖度」という言葉は最近、あまりいい意味で使われなくなった。けれど、本来の意味は、「自分なりに考え、他人の気持ちを推し量る」こと。その力をうまく使えば、チームワークを強固にし、目標に向かう動きを後押しし、生み出すもののクオリティを高めることができる。

　ただ、問題は誰を忖度するか、だ。目の前の上司や同僚、顧客、身近な先輩や友だちのことばかり忖度していたら、その人には感謝されても、全体の利益を損ないかねない。その場しのぎにしかならず長期的にはマイナスに働くかもしれない。視野が狭くなって、逆に本来の目的から遠ざかってしまう可能性もある。

　そうならないためには、なるべく「忖度の相手」のレベルを上げ、「忖度の範囲」を広げることを意識しよう。

　上司や同僚に支持されるかどうかより、会社全体の利益につながるか、組織の理念と合致するか。友人がどう思うかではなく、サークルやクラスを活性化させられるか。

　これからは、さらに忖度の対象のスケールを大きくしてもいい。たとえば、自然環境の保護、貧困の解消、世界平和……。

　天秤座は目の前の状況への柔軟な対応力がある一方、心の奥底では、大義や人生の意味を追い求めている。こういう大きなテーマを「忖度」の対象にして行動していけば、これまでとはまったく違う、本当の生きがいを見つけられるかもしれない。

　大丈夫。天秤座が「推し量る」力を発揮すれば、目標がどんなに大きくても近づいていける。忖度する対象のレベルが高ければ高いほど、むしろ、あなたは大きく成長していくだろう。

33

SNS では
「いいね」の先に
行こう

天秤座はホメ上手。相手のいいところを瞬時に見抜き、相手が褒めてほしいと思っているタイミングで、相手がよろこぶ的確な表現で褒めることができる。

　その力はもちろん SNS でも役に立つはずだ。

　もし、SNS で興味のあるものに出会って心が動いたら、「いいね」をつけるだけでなく、リアルな場所であなたがやっているように、なるべく具体的に褒めてみよう。

　どこがおもしろかったのか、どう心が動いたのか、自分にどんな影響を与えてくれそうか。ホメ上手のあなたのコメントは、必ず相手をよろこばせ、同じものに心を動かされた人たちの共感を呼ぶ。

　つながりができはじめたら、今度は「キュレーション」を意識してみたらいい。前に、天秤座は情報を収集して、編集し、効果的に打ち出すキュレーション能力があるといったけれど、その力を SNS で使うのだ。

　たんに褒めるだけでなく、どうやったらそれを手に入れられるか、役立つ情報を加えてみる。過去やライバル的存在と比べてどうだったのか、比較する。他に同じタイプのおもしろいものがあったら、それを組み合わせて紹介する。みんなが検索しやすいようタグ付けを工夫するのもいい。

　そうやって、本気でキュレーションに取り組めば、あなたのセンスや情報に信頼を置くフォロワーがどんどん増えていく。もしかしたら、何かの分野で「インフルエンサー」と呼ばれるようになるかもしれない。

　天秤座は SNS とすごく相性がいい星座。自分で直接、ものをつくっている人もそうでない人も、SNS をうまく使えば、きっと新しい未来を切り拓くことができるはずだ。

34

「純真」を取り戻し
自分の感情を
ストレートに出す術を

TPOに合わせた発信・表現が器用にできる天秤座だけれど、一方で、本当に自分がやりたいこと、自分自身のストレートな思いをそのまま表現するのは、とても苦手。「人の目を気にせず自分を売り込む」なんて恥ずかしくて、考えられない。

　でも、これからは「個」の強さや魅力で、システムや組織の行き詰まりを突破する時代。あなたがもう一段階上のレベルに行くためには、ときに、自分を前に出して、ストレートに自分の感情を表現する必要がある。

　でもどうやって「人の目」から自由になればいいんだろう。

　鍵になるのは、子どもの「純真」。子どもは感情を揺さぶられたとき、やりたいことができたとき、こちらの都合なんておかまいなしに「聞いて聞いて」「見て見て」とアピールしてくる。

　いつも「大人」の振る舞いを見せているあなたにも、そんな時代があったはず。その頃の感覚を復活させて、ストレートに気持ちを表現できるようになれば、あなたの魅力や存在感は倍増する。

　もちろん、人一倍おとなのあなたがそんな簡単には子ども時代に戻れないから、すこしずつトレーニングしていこう。

　おすすめなのが、音楽やダンス。頭と心と体、すべてを一体にさせて動いていると、周囲のことなんて気にならなくなる。恥ずかしさなんてどこかに消えて、素の自分を表に出せるようになる。

　その感覚を日常生活でも意識して、あなたの心のなかにある壁をすこしずつ崩していこう。

　これまでも周りから信頼されていたあなただが、それは能力を評価されている部分が大きかった。でも、これから自分をストレートに出していけば、人からより深い信頼を寄せられるようになる。人脈も以前と比べものにならないくらい広がっていくだろう。

35

揺れ続けても
「変わらないもの」を
探そう

「自分には個性なんてない」「あっち行ったりこっち行ったりだから深みもない」「自分らしさといわれても、それが何かわからない」

　コンプレックスなんて無縁に見える天秤座だけれど、一方で、こんなふうに自分の「個性」に自信を持てない人も少なくない。

　確かに、あなたは時代や状況、TPOに合わせてどんどん変化していく。相手に合わせていろんな顔を演じることができる。その姿を星座の象徴「天秤」に重ね合わせて、「ぶれてる」とか「揺れてる」という人もいるだろう。

　でも、天秤座のなかには、表面的な行動がどんなに変わっても、気持ちが揺れているように見えても、実は、絶対に変わらないものがある。揺れる天秤に必ず「支点」があるように、変わっていくあなたを支える、揺るぎない価値観、個性がある。

　ただ、それは心の奥底にあって、普段はなかなか見えづらい。

　だから、もっと自分自身に目を凝らしてみよう。相手や状況に応じて対応を変えているなかで、ひとつだけ一貫しているこだわり。時代にも環境にも左右されずずっと残り続けている感覚。ゴールはまったく違っても絶対に踏んでおきたいと思うプロセス。何をつくる場合も、なぜかその作業だけは楽しくて仕方がないディテールの部分。そういうものがないか、思い出してごらん。そこにきっと、あなたの個性や揺るぎない価値観が眠っている。

　もし、変わっていないもの＝個性が見つかったら、これからはその存在を意識して、それを活かすことを心がけていけばいい。

　覚えておいてほしい。あなたがこれから見つける個性は、あなたがどんなに変わっても変わらなかったものだ。みんなが口にしている「個性」なんて比べ物にならない強さを持っている。きっとあなたを新しいステージに連れて行ってくれるだろう。

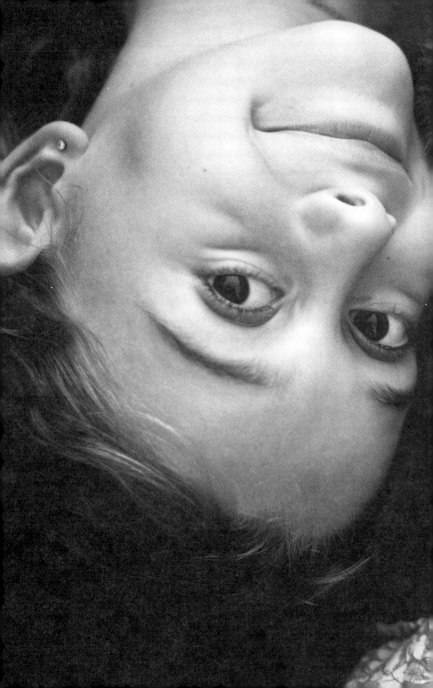

どんな方向に行ったっていい。
自分の信じた道をゆく

ジョン・レノン
John Lennon

1940 年 10 月 9 日生まれ
アーティスト

イギリス・リヴァプール生まれ。ロックに影響されてギターをはじめ、10 代半ばからポール・マッカートニーやジョージ・ハリスンらとバンドを組む。62 年に「ビートルズ」としてメジャーデビューを果たすと世界中で熱狂的なファンを生むものの、70 年に解散。オノ・ヨーコをパートナーとしてソロ活動を行うようになる。ビートルズでは約半数の曲を手掛け、インタビューでのユーモアある切り返しも伝説となっている。

参考 「HMV&BOOKS」
https://www.hmv.co.jp/artist_John-Lennon_000000000006149/biography/

LIBRA

YOUR HESITATION WILL HELP YOU.

EPILOGUE

天秤座が後悔なく生きるために

天秤座が一歩を踏み出すために、
やりたいことを見つけるために、
迷いを吹っ切るために、
自分に自信を持つために、
新しい自分に変わるための指針。

360 度に耳を澄ませ。
目を凝らせ。心を開け。
天秤座が力を発揮するのは、
「決めるとき」ではなく、
「迷うとき」だ。

決まらないのは不安だろうか。
むしろ、
「決まることなんてない」
と開き直ったほうが、
あなたは安心ではないだろうか。

揺れ続けるという安定もある。
完璧を求めないという強さもある。
昨日までの正解が、
今日から間違いになることもある。

あなたはつねに先の可能性を見ている。

そうかもしれないし、
そうじゃないかもしれない。
何事も決めつけようとしない、自分を褒めよう。
いまは仮の正解を選んでやってみて、
違ったら、また別の道を進んでみればいい。

なんでもやってみよう。
誰とでも話してみよう。
やればやるほど、話せば話すほど、
思考は進化していくものだ。
物事は多面体。
振り幅を大きくして、
いろんな角度から見つめて、
自分なりの仮説を立てるのは楽しい。

止まることなく、揺れ続けること。
決めつけることをせず、
あらゆる角度から物事を見つめ、
その中心を見据えていれば、
自分が進むべき道は自然と開けていくだろう。

天秤座はこの期間に生まれました。

誕生星座というのは、生まれたときに太陽が入っていた星座のこと。
太陽が天秤座に入っていた以下の期間に生まれた人が天秤座です。
厳密には太陽の動きによって、星座の境界は年によって1～2日変動しますので、
生まれた年の期間を確認してください。(これ以前は乙女座、これ以後は蠍座です)

生まれた年	期間 (日本時間)	生まれた年	期間 (日本時間)
1936	09/23 14:25 ～ 10/23 23:17	1980	09/23 06:08 ～ 10/23 15:16
1937	09/23 20:12 ～ 10/24 05:05	1981	09/23 12:05 ～ 10/23 21:11
1938	09/24 01:59 ～ 10/24 10:52	1982	09/23 17:46 ～ 10/24 02:56
1939	09/24 07:49 ～ 10/24 16:44	1983	09/23 23:41 ～ 10/24 08:53
1940	09/23 13:45 ～ 10/23 22:38	1984	09/23 05:32 ～ 10/23 14:44
1941	09/23 19:32 ～ 10/24 04:26	1985	09/23 11:07 ～ 10/23 20:20
1942	09/24 01:16 ～ 10/24 10:14	1986	09/23 16:58 ～ 10/24 02:13
1943	09/24 07:11 ～ 10/24 16:07	1987	09/23 22:45 ～ 10/24 07:59
1944	09/23 13:01 ～ 10/23 21:54	1988	09/23 04:28 ～ 10/23 13:43
1945	09/23 18:49 ～ 10/24 03:42	1989	09/23 10:19 ～ 10/23 19:34
1946	09/24 00:40 ～ 10/24 09:33	1990	09/23 15:55 ～ 10/24 01:12
1947	09/24 06:28 ～ 10/24 15:24	1991	09/23 21:48 ～ 10/24 07:04
1948	09/23 12:21 ～ 10/23 21:16	1992	09/23 03:42 ～ 10/23 12:56
1949	09/23 18:05 ～ 10/24 03:01	1993	09/23 09:22 ～ 10/23 18:36
1950	09/23 23:43 ～ 10/24 08:43	1994	09/23 15:19 ～ 10/24 00:35
1951	09/24 05:36 ～ 10/24 14:34	1995	09/23 21:12 ～ 10/24 06:30
1952	09/23 11:23 ～ 10/23 20:21	1996	09/23 03:00 ～ 10/23 12:17
1953	09/23 17:05 ～ 10/24 02:05	1997	09/23 08:55 ～ 10/23 18:13
1954	09/23 22:55 ～ 10/24 07:55	1998	09/23 14:37 ～ 10/23 23:57
1955	09/24 04:40 ～ 10/24 13:42	1999	09/23 20:31 ～ 10/24 05:51
1956	09/23 10:35 ～ 10/23 19:33	2000	09/23 02:27 ～ 10/23 11:46
1957	09/23 16:26 ～ 10/24 01:23	2001	09/23 08:04 ～ 10/23 17:24
1958	09/23 22:08 ～ 10/24 07:10	2002	09/23 13:55 ～ 10/23 23:16
1959	09/24 04:08 ～ 10/24 13:09	2003	09/23 19:46 ～ 10/24 05:07
1960	09/23 09:58 ～ 10/23 19:00	2004	09/23 01:29 ～ 10/23 10:47
1961	09/23 15:42 ～ 10/24 00:46	2005	09/23 07:23 ～ 10/23 16:41
1962	09/23 21:35 ～ 10/24 06:38	2006	09/23 13:03 ～ 10/23 22:25
1963	09/24 03:23 ～ 10/24 12:27	2007	09/23 18:51 ～ 10/24 04:14
1964	09/23 09:16 ～ 10/23 18:19	2008	09/23 00:44 ～ 10/23 10:07
1965	09/23 15:05 ～ 10/24 00:08	2009	09/23 06:18 ～ 10/23 15:42
1966	09/23 20:43 ～ 10/24 05:49	2010	09/23 12:09 ～ 10/23 21:34
1967	09/24 02:38 ～ 10/24 11:42	2011	09/23 18:04 ～ 10/24 03:29
1968	09/23 08:26 ～ 10/23 17:28	2012	09/22 23:48 ～ 10/23 09:12
1969	09/23 14:06 ～ 10/23 23:10	2013	09/23 05:44 ～ 10/23 15:08
1970	09/23 19:58 ～ 10/24 05:03	2014	09/23 11:29 ～ 10/23 20:56
1971	09/24 01:44 ～ 10/24 10:52	2015	09/23 17:20 ～ 10/24 02:45
1972	09/23 07:32 ～ 10/24 16:40	2016	09/23 23:21 ～ 10/23 08:44
1973	09/23 13:21 ～ 10/23 22:29	2017	09/23 05:01 ～ 10/23 14:25
1974	09/23 18:58 ～ 10/24 04:09	2018	09/23 10:54 ～ 10/23 20:21
1975	09/24 00:55 ～ 10/24 10:05	2019	09/23 16:50 ～ 10/24 02:18
1976	09/23 06:48 ～ 10/23 15:57	2020	09/22 22:30 ～ 10/23 07:58
1977	09/23 12:29 ～ 10/23 21:39	2021	09/23 04:21 ～ 10/23 13:50
1978	09/23 18:25 ～ 10/24 03:36	2022	09/23 10:03 ～ 10/23 19:34
1979	09/24 00:16 ～ 10/24 09:26	2023	09/23 15:49 ～ 10/24 01:19

※秒数は切り捨てています

著者プロフィール

鏡リュウジ
Ryuji Kagami

1968 年、京都生まれ。
心理占星術研究家・翻訳家。国際基督教大学卒業、同大学院修士課程修了（比較文化）。
高校時代より、星占い記事を執筆するなど活躍。心理学的アプローチをまじえた占星術を日本で紹介することによって、占いマニア以外の人にも幅広くアピールすることに成功。占星術の第一人者としての地位を確たるものとし、一般女性誌の占い特集では欠くことのできない存在となる。また、大学で教鞭をとるなど、アカデミックな世界での占星術の紹介にも積極的。
英国占星術協会会員、日本トランスパーソナル学会理事、平安女学院大学客員教授、京都文教大学客員教授、東京アストロロジー・スクール代表講師などを務める。

迷いも君の力になる

天秤座の君へ贈る言葉

2023 年 5 月 15 日　初版発行

著者　鏡リュウジ

写真　Getty Images
デザイン　井上新八
構成　ホシヨミ文庫
太陽の運行表提供　Astrodienst / astro.com
広報　岩田梨恵子
営業　市川聡／二瓶義基
制作　成田夕子
編集　奥野日奈子／松本幸樹

発行者　鶴巻謙介
発行・発売　サンクチュアリ出版
〒 113-0023　東京都文京区向丘 2-14-9
TEL 03-5834-2507　FAX 03-5834-2508
https://www.sanctuarybooks.jp
info@sanctuarybooks.jp

印刷・製本　中央精版印刷株式会社

本書は、2013 年 9 月に小社より刊行された『天秤座の君へ』の本旨を踏襲し、
生活様式の変化や 200 年に一度の星の動きに合わせて全文リニューアルした
ものです。